JN438106

아내에게

아내에게

백야 김정웅 제22시집

을지출판공사

■ 서문

아내에게 바치는 抒情

인생은 가정을 떠나서 살 수 없다.

물론 독신자도 있고, 신부 · 수녀 · 승려도 홀로 살기도 한다. 그러나 그 사람들도 부모(父母)라는 가정에서 이루어진 삶(출생)이다.

널리〔廣義〕 해석한다면 동물 · 식물 · 하늘 · 땅, 음(陰)과 양(陽), 천태만상이 자연의 한 가정이라고 해도 큰 모순은 아닐 것이다.

인간은 만물의 영장(萬物之靈長)이라 하여 이 모든 것을 섭렵하고, 조화 · 지배하고 살 뿐이다.

1966년 1월 16일 지금 사는 내자(李英海)와 성혼(成婚)을 하였다. 부모님께서는 13대 종손(宗孫)이라 하여 종손부(從孫婦)를 찾는다고 50여 차례 관선(觀選)을 하다 규수(閨秀)의 증조모(曾祖母) 효열각(孝烈閣)을 보아 저자(著者)의 13대 어사각(御賜閣)과 사당(三忠不祧)이 있어 선대로부터 선행봉직이 합당하여 혼사가 이루어진 것으로 안다.

저자는 13년의 공직을 그만두고 평소 선호하고 취향하던 문학소년(文學少年)의 꿈을 펼쳐보고자 고창 모양문학 · 전북문학 · 전북수필 · 한국문협 · 국제펜클럽 · 세계시문학 세계 시인대회 등 마치 남(他人)이 보는 선망에서

낭만적이라던가, 허풍으로 가정(家庭)과는 상반된 길로 뛰쳐나왔다.

가정(내자)에서는 6남매를 낳아 기르고 가르치기 위해 헐벗고 굶주리며 남의 집 삯바느질로 시작하여 간난신고 끝에 오늘날 여기까지 오게 되었다. 그 6자녀 중 하나도 낙오 없이 전부 대학을 보내고, 3남매는 미국에 유학하여 직장에 있으며, 3남매는 한국에서 잘 살고 있다.

아내의 그 끈질긴 가정 진력과 생활전선으로 얻어지는 피어린 노력은, 고전의상(한복)이라는 장인정신에 의해 명인으로 인증하게 되었다.

그 지고(인자)한 아내에게 조금이라도 위안을 주기 위해 이 필부(匹夫)는 이 한 권의 책을 아내에게 봉정하는 바다.

2013년 5월에

牟陽城下 直齋山房에서!

白夜 金 正 雄 上

차　례

제 2 부 가족사랑

제 1 부

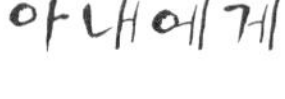

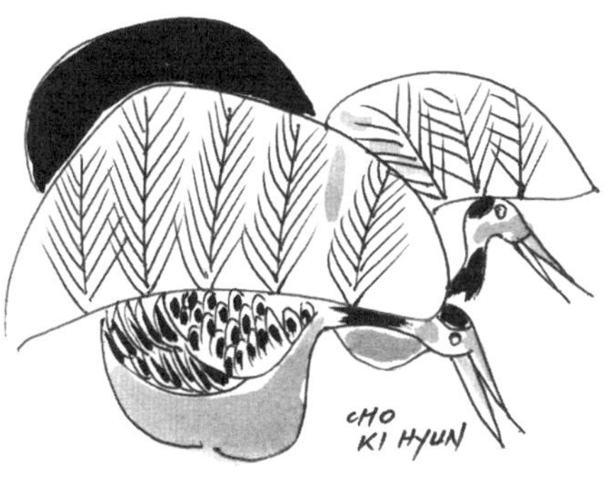

아내에게 · 1
- 행복은

행복은 어두운 밤거리에서
한 올의 섬광을 붙잡으면
손가락 사이로 흘러버리는 빛살

행복은 어디에 가도 없고,
어디에 가도 있다.

행복은 헤매어 돌아다니다
마음속에서 찾은 보물이다.

가정이 평화로울 때
화목하고 있을 때
행복의 꽃은 피고 있겠지.

행복은 바라는 것만치
만족할 수 없는 것.

행복은 소리 내어 부르면 멀어지고
말없이 노력하면
어느 사이에 남몰래 와 있다.

가정에서 일터에서 직장에서

사회생활에서 평범하게 노력하면
함께 옆에서 꽃으로 피어난다.

아내에게 · 2
- 아내는

아내는
시집온 지 삼십여 년을 하루인 양
행복한 줄로만 알고 살았었지.

언제부터인지 알게 모르게 그림자 짓고
잔잔한 근심의 물살이 일렁이고 있다.

슬픔의 세월이
쪼들린 세월에서
절절이 일어나고,

고통의 너울이
옷소매 땟물로 절이고
괴로운 노래로 번진다.

그 노래 청산이 되어
나뭇가지에 올올이 맺히고

그 슬픔 파랑새 되어
쓸쓸히 재잘거리고 있을 때,

나는 그 밑에
한 마리의 송충이가 되어

사정없이 솔잎을 갉아먹어야 했는가.

하많은 세월을
성근스런 지혜로 갈고
덕성으로 닦고 있을 때,

어느덧
내 머리맡에
아내가 일생동안 짜 놓은 금실 베개가
가슴 에이듯 놓여 있다.

아내에게 · 3
- 인동초(忍冬草)

아내는
시 · 분 · 초를 쪼개어서
시공(時空)의 자수(바느질)로 생활해 간다.

자녀를 기르랴
부군 뒷바라지 하랴
단 한시도 편안히 쉬지 못하고

새벽잠이
무심히 드는 날이면
일감 맡긴 고객들의 아우성이 커지고

영시(零時)의 은하수도 잠들었는데
아내는 무엇 때문에 인동초가 되어
혼자만이 그 고난을 겪어야 하는가.

눈 비바람이 몰아쳐
싸늘한 냉방 굽들이 문풍지에 떨리어도

손이 부르트고
군살 몸집이 나무껍데기가 되어도
샛별이 떠야만 이부자리에 눕게 된다.

아내에게 · 4
- 고전솜씨

아내는 처녀 때부터
어머니를 닮아서 그랬는지
길쌈 솜씨가 매우 고왔다고 한다.

셋째 처형이
손재주를 가르쳤는지
아니면 그 집의 가통이
온통 고전방인지도 모르겠다.

그러나 그것도 아니라 한다.

그의 부친은 정객 선비로서
가정을 모르고
의회만 출마하려 했고

그의 모친은
현모양처가 되어
부군 시중과 7남매의 넋이 되어 살았다.

한갓 그러한 사이에서
틈틈이 셋째와 넷째에게
바느질 솜씨를 터득케 한 것 같다.

오늘도
섬섬이 이어가는 고전 솜씨는
조국의 실크 면사가 나래치는 것 같다.

아내에게 · 5
- 삯바느질

아내가 언젠가 몸져누워 있을 때
나는 정성을 다하여 위로한다고 했으나
만분의 1도 못다 하고 팽개치었다.

허구한 날
실과 바늘이 재봉틀에 걸려
손끝에서는 선지피가 흐르고

삯품을 맡긴 손님들은
줄을 잇고 있는데
하루라도 빨리
한복을 맞추어야 하겠으나
아내는 아직도 병상에서 일어나지 못하고 있다.

배움에 허덕이는 자녀들과
사회에 출입하는 부군을 위해서
하나의 부지깽이가 되고 재가 되어야 한다.

바늘에 찔린 손가락은
누구를 위한 슬픈 피였을까?

자녀를 위하여
부군을 위하여

그렇게도 서러운 눈물이었던가.

그러나 한갓
노을빛 짙게 어리는 석양이
아내의 슬픔을 달래주고 있다.

아내에게 · 6
-팔푼 춤을 추는 얼간이

지지리 못나
부인 덕분에 공부하는 것은
팔푼 춤에 춤을 춘다고 했다.

어찌하여
남에게 그러한 흉을 본 내가
내 자신이 팔푼 춤을 추고 있다.

그 팔푼 춤치고는
진진하고 높은 뜻이 스며 있다.

서로 살을 섞고 산 지도 30여 년
언젠가 내가 직장을 그만둔 날
이제는 아내가 직업전선에 나서겠다고 한다.

팔푼 춤도 제대로 추지 못하는 주제에
어떻게 아내의 덕만 믿고 살 것인지!
학업에 몰두할 것인지 참으로 따분하다.

그러나
세세연년 봄이 돌아오듯
굽이굽이 주름잡는 아내의 치마폭에
청운을 기대어 살아가는 얼간이.

아내에게 · 7
-삭정이 되어 가정 이룬다

아내의 눈동자는
상대편을 옳게 꿰뚫고
허튼 생각이 한번도 없었다.

부군이 명색 남자라고
취기에 푸념을 한다 해서
한번도 다른 바가지가 없다.

손발을 잽싸게 움직이어
삼경 넘어 새벽까지
달달달 꼬박 날을 새는 재봉틀 소리

슬픔의 한을 부르는 소리
청춘을 메마르는 소리
뼈를 깎는 소리

허리와 다리가 쑤시고
정신이 아련히 몽롱해지고
오장육부가 뒤틀리는 고통이 있다 해도

오직 6남매에 대한 향학열과
부군 입신에 군자금을 위해서
훨훨 타오르는 촛불이 되련다.

때로는
자녀들과 부군의 노예가 되고
한 줌의 지푸라기와 삭정이가 된다.

아내에게 · 8
- 만학(철야 농성)을 돕는 재봉틀 소리

세월을 옷고름 적시는 눈물로 메워 놓고
달밤을 아낙네의 한숨으로 남겨 놓는다.

아내의 소매 깃은
부군의 만학을 위해 정성이 어리고

아내의 치마폭은
부군의 "리포트"를 올올이 꿰매 주었고

당신의 옷가슴은
남편이 출입하는데 배웅했고

당신의 외씨버선은
선비의 장도의 길 터 주었다.

이제
당신의 옷 깁는 철야 농성이
실마리가 가까스로 풀리는 듯
이승의 뒤안길에서 불러 보오.

아내에게 · 9
- 피곤의 너울

아내는
하루 종일 피곤의 너울을 쓰고
부단한 생업의 베틀을 짜고 있을 때

찾아오는 고객들의
반려가 되어야 하고
옷가지를 맞추러 오는 이에게
꽃이 되어 웃어 주어야 하고
팔푼이가 되어 울어 주어야 하고
아르바이트로 애교도 팔아야 한다.

오늘 밤에도
고달픈 육체에서는
몸을 가누지 못하고 이리저리 보채고 있다.

아내에게 · 10
– 아내의 코 골기는 나의 자장가

하루 종일 실크로드와 시름하다
새벽 세시가 넘어서야 눈을 부친다.

잠자리에 들자마자
이리 뒤척이고 저리 뒤척이며
코를 골기 시작한다.

아내의 지친 몸에서
골아대는 콧소리는
내 심신의 뼈마디를 울려준다.

처음 아내의 코 고는 소리에 잠 못 이루었으나
지금은 세월을 거듭하는 청신호요
세월의 자장가로 위안해 준다.

아내에게 · 11

- 예서 詩로나 바치겠소

오늘은 섣달 그믐날
내일 元旦 차례상에는
제물 대신에 詩나 수십 수 올려 바치소서

아내는
6남매 등록금을 대주고
차례 지낼 처지가 못 된다는 것이다.

팔푼 춤을 추던 나는
무슨 영문인지 모르고
근래에 낸 시집 수십 권을 갖다 놓았다.

아내는 설날이 되어도
제사 준비에는 아무 걱정 없이
책 속에서만 파묻혀 있어서 그렇다 한다.

그 후로
무심(無心) 무관(無關) 무정(無情)한 내 자신을 한탄하고
더욱 훌륭한 시를 써서 아내에게 보답하리.

아내에게 · 12

– 모양성 철쭉꽃

모양성 외곽 꽃길에
불길같이 피어난 철쭉꽃
아내는 벌써 꽃길로 달린다.

아내는 성곽을 돌면서
철쭉꽃도 필 때는 아름답지만
시들 때는 고통을 참지 못할 것이다.

내 마음속의 아픔을
피어 있는 저 꽃이 알아준다면
내 마음도 그 꽃과 같이 아름다울 것이다.

어렸을 때 아내는
꽃을 무척 사랑하고 꽃밭을 가꾸고
그 꽃 속에서 살았다고 한다.

지금 가사에 파묻힌 아내는
몸속에 병만 무성하여
수명대로 살지 못할 것 같다고 한다.

그러나 꽃향기 그윽한 四月 어느 날!
아내는 그 꽃길을 마냥 걸으면서
저 꽃들과 함께 살아가고자 한다.

아내에게 · 13
-뒤척이는 아내

자나 깨나 앉으나 서나
항상 자녀 생각, 부군 생각, 가정 생각
맡겨 놓은 일품을 재봉틀에 올려놓고
차례대로 붕붕대는 미싱소리

손수 시침과 재봉을 하는 아내
자정이 넘어 잠자리에 들어서야
이리 뒤척, 저리 뒤척
쑥 늘어진 피로는 곤한 잠을 설친다.

아내에게 · 14
- 불사신의 한숨소리

아내의 한숨으로 자는 소리는
만고성쇠의 애환이 담겨져 있어
깊이 든 나의 잠을 깨고 만다.

꽉꽉 막히는 절음 마찰이 되었다
한숨의 선율로 흘러나오기도 하고
때로는 모성의 자장가로 들리게 되며
때로는 평화의 멜로디로 들리기도 한다.

지친 하루 24시간에서
안면 휴식 따질 것 없이
20여 시간을 재봉틀에 시달리다
새벽녘 가까스로 코 고는 소리는
아직도 오장육부 6천 마디에
쉬지 않고 총 진군하는 소리
가족과 인류를 위해 영원한 불사신이려나.

아내에게 · 15
-생활 터전

아내의 생활 터전은
실과 천으로 짜깁기 하여
재봉으로 연연히 꾸미다.

남편의 생활 방도는
집필하는 창작 원고로
아내의 도움을 받아 이어 간다.

언제나 어느 때고
뼛골을 짜낸 아내는
가난한 시인의 정신을 달래주고
출입하는 필부(匹夫)의 노자를 대주다.

아내에게 · 16
–평온한 누리가 펼치는 꿈

아내는 꿈속에서나
아름다운 추억을 회상하는 듯
미소 짓는 얼굴로 깊은 잠에 빠져 있다.

어두움의 일과 밖에서
휴면하는 잠꼬대는
무척 행복감에 젖어 있는 것 같고

하루 종일 고통의 너울이
뼈마디를 쑤석이는 밤이면
몸 전체에서 신열이 이는 것 같기도 하다.

그러다가도
지난날 아내의 즐거웠던 꿈결은
기쁘고 평온한 누리가 펼치는 듯 하다.

아내에게 · 17
- 트림 내는 요조(窈窕)

풍속과 환경과 성이 다른 가문에
시집와서 생애 처음으로
적응하며 사느라 애를 삭인다.

시부모 공경해야지
부군 섬겨야지
이웃과 동기간에 우애해야지
일각의 빈틈없는 신경을 쓴다.

해를 거듭할수록 자녀들이 늘어
거두고 키우며 교육과 취업까지
갖은 역경을 감수한다.

10년 20년 30년 연연한 고통에서
가슴이 절절이 쓸어내려
쓰륵쓰륵 연거푸 트림만 내고 있다.

아내에게 · 18

-아내 앉은 자리 꽃자리

아내가 앉은 자리는
들국화 피는 가을 꽃자리

아내가 있는 자리는
정읍사 선운산가 요조(窈窕)의 자리

아내가 머문 자리는
아내의 마음같이 그 자리도 청결하다.

아내가 없는 자리는
삽상한 바람이 일렁이고

아내가 없는 자리는
불안과 부자연한 자리

언제나 아내와 함께 있다 없는 자리는
황량한 늪을 허덕이는 것 같다.

아내에게 · 19
-줄넘기에 여념 없는 아내

다섯시 새벽길
아내의 손을 잡고
모양성에 오른다.

먼저 오른 사람
인기척에 깜짝 놀라
다음 오를 사람에 경종 울린다.

팔각정에서 예비 운동 하고
왕대밭 옆에서 노송 뿌리 밟고
줄넘기에 여념 없는 아내

오늘도 쏜살같이 계단을 뛰며
성황사 한적한 자리에서
세월에 젖어 추억에 잠긴다.

아내에게 · 20
-품행과 덕목 쌓는 아내

겸허한 자세로 신뢰하는 아내
인자한 성품은 가정과 이웃을 사랑한다.

부덕을 쌓아 부군을 섬기는 아내
가통을 중히 여겨 자녀 육성에 이바지한다.

품행을 바르게 하며 덕목 갖추는 아내
어진 마음으로 불우한 이웃 돕는다.

받음이 있으면 주는 것을 더 챙기는 아내
남한테 받으려 하지 않고 내가 먼저 베푼다.

고난과 침통에 쌓여 있을 때
용기와 지혜로써 헤쳐 나가고
슬픔과 좌절에 처해 있을 때
희망과 투철한 사명감으로 풀어 간다.

가정이 기울어 갈 때
근검 · 절약 · 성실로써 꾸려 간다.

대소 내외 매사에 현명한 아내
그 늠름한 위품은 조선의 중전과 같다.

시부모 잘 공경하여 구순 넘게 모시고
자녀들 잘 길러 저마다 소신대로 취업하고
부군 잘 섬겨 사회의 정신적 동량 이루니
이보다 현모양처가 어데 있으랴.

아내에게 · 21
-자녀를 위한 마음

대학에 입학한 막내는
엄마의 곁을 떠나기가 서운한 듯
매우 망설이고 있다.

누구나 학부모의 심사는
아들, 딸 공부 잘 하기를 바라고
직장과 사회적으로 큰 사람 되기를 원한다.

아내는
6남매 중 막내라고
모든 정성 다하여 대학에 입학시키고
등록금을 마련키 위해 혼신의 힘을 다한다.

하찮은 사연 가사에 묻어 두고
아내는 어느 하루 마음 후련하게
멀리 여행 한번 한 적 없다.

그 세월 함께 엮어
푸른 전설로 띄워 놓고
아들, 딸 장성하는 날만 기대하리라.

아내에게 · 22
- 아들에 대한 정성

오늘도
어둠을 가르는 새벽 등산에서
행여 아들 출근시간 늦을까 봐
운동을 하다 말고 되돌아간다.

아내는 60평생
고전방으로 가정 꾸릴라
자녀들 학비 조달할라
남편 시중들라
건강이 극도로 쇠약해진다.

매일같이 하는 등산길에도
자녀 생각, 가정 생각, 근심, 고통
어느 하루 잠시 편안한 날 없다.

옛날 건강은
되찾을 수 없으나
그래도 아침 산책길은
자녀들 키우는 보람이라 한다.

아내에게 · 23
- 접시꽃 당신

아내의 손결 손결에서
둥글넓적한 하얀 접시꽃을
하늘을 우러러 받쳐 든다.

모시옷소매 적시며
행주그릇 포개어놓고
밥알 주워 먹을 듯한 깨끗한 학독

오늘도 정숙한 아내의 마음 실어
한잎 두잎 덕 두화로 피는
접시꽃 같은 당신의 영혼.

아내에게 · 24
-아내의 신묘한 향이련가

메주 띄워 장 담은 장독에서
이른 봄 달래, 쑥, 보릿잎, 풋나물 조갯국에서
고사리, 더덕, 도라지, 취, 머위잎 무침에서
아내의 정이 어린다.

여름철
상추, 깻잎, 호박잎, 보쌈에서
가을철
송이버섯, 싸리버섯, 표고버섯 탕에서
초겨울
열무, 배추, 동치미, 갓김치에서
석화, 조기, 갈치, 오징어, 명란, 젓갈류 등에서
겨울철
집장, 청국장, 실가래 국에서
아내의 밥 짓는 정갈한 손끝에서
무공해의 맛깔스런 음식에서
1년 열두 달, 어느 하루 쉼 없이
그 무한한 정이 모록모록 묻어난다.

무서리에서 피어난 노란 국화 따다
찹쌀과 누룩으로 빚은 가용주
질항아리에서 절절히 우러나는
참으로 아내의 신묘한 향이련가.

아내에게 · 25
-유학 간 자녀 자랑

우리 가문에서 1990년
최초로 유학 간 큰딸을 생각하며
어느 세월 저 딸이 어떨까 우려 중에
7년째 유학 간 아들(범신)은 의사이고
10년째 다시 셋째 딸이 유학 가서

어느덧 20여 년이 지난 요즈음에는

큰딸과 셋째 딸 부부와 아들 온유, 막내아들 부부
합하여 여섯 식구 등 대가족이다.

예전 속담에 딸 많이 나면
비행기 타고 여행한다더니

우리가 현실에서 미국을 왕래하므로
이만하면 자녀(子女) 자랑하고 살 듯하다.

아내에게 · 26
- 외손자 외손녀 자랑

둘째 딸 아들
외손자(이삭) 학교 들어갈 때
그 누이(산하)가 하는 말은
오빠는 새처럼 날아가고
나는 곰처럼 느리다는 재담에
외할머니 함박웃음 절로 난다.

넷째 딸의 딸
외손녀(지인) 세 살 때
서울에서 고창으로 전화해서
외할머니는 우리 엄마같이
예쁘다는 재롱에
지극히 미소하는 외할머니.

아내에게 · 27

– 방장(여름철 치고 자는 모기장)

방장은 여름철
모기 · 파리 같은 이물질을 방어하는데
유일한 방패막이로 사용해 왔다.

옛날 방장이 없을 때는
박하, 향나무, 잡초 등을 태운 연기로써
모기, 나방이, 벌 등을 쫓아냈다.

우리 집에서는
한 40여 년 전 결혼한 후
애들이 모기에 물리는 것을 보고
작은처남이 방장을 사들여 지금도 치고 있다.

육 남매는 커서 출가, 분가하고
우리 내외는 방장이 떨어지면 깁고 또 깁고
앞으로 한 30여 년을 더 써도 무방할 것 같다.
그것도 작은처남의 생전의 덕이려니……

아내에게 · 28
-처모님 제일

회갑이 넘은 아내는
재봉틀에 넋을 걸어 놓고
하루 종일 실크 바느질에 힘겹다.

마치 오늘이
처모님 기일이어서
밤늦게야 함께 처가에 들렀다.

처형, 처남, 처제 등
옛 살림의 다복한 훈김이 풍기고 있다.

부인이 가끔씩 체하는 습관은
집안에 갇혀 운동 부족한 듯 하나
이날 따라 처남, 처형, 처남댁 있는 데서
체한 것을 내려달라고 내 앞에 등을 내민다.

이때야말로
처남, 처형, 처남댁 앞에 계면쩍해
위선의 금실이 보이는 듯 난처할 뿐이다.

아내에게 · 29
- 아내는 친정어머니(처모)와 같다

처모님 살아생전에
어느 한시 일분 일초 쉬지 않고
부단한 생업에 얽매어 일한다.

하루라도 쉬게 된다면
다음날 몸치가 나 병이 발생하고
집 한쪽이 비어 있는 것처럼 허전하여
진날 갠 날 가리지 않는 성근스런 가정사

길쌈질, 텃밭 가꾸기, 전답(농사) 짓기
아들딸 교육이나 손자 놈 봐주기 등
아내는 꼭 처모님 행실처럼 닮아가고 있다.

아내에게 · 30
-정읍사 수상식

서른세 해 결혼생활
헐벗고 굶주리고 모진 고생하며
부군 입신하는 데 사명을 다한다.

외국에서 돌아올 때나
구구한 행사 마치고 귀가할 때
한결같이 반기는 아내의 모습

그의 두터운 정성은
부군을 위하는 신앙심이요
겉돌지 않는 갸륵한 마음

가슴으로만 기리던 망부의 한
한 계단 두 계단 쌓은 탑인 양
정읍사 상을 받았다.

아내에게 · 31
-자랑스런 명인 대상. 1

아내는
자랑스런 명인(명품) 표창을 받을 때
장중한 그 인품(인성)에 대하여
다시 한번 나의 흉금을 울리었소.

아내는
피와 땀으로 이룩한 고전의상을
민속 문화의 얼을 이어서
민족 예술에 꽃을 피웠소.

아내는
은고의 세월 속에
외롭고 험한 길 마다하지 않고
오직 전통 의상에만 전력투구하여
오늘의 영예를 차지했었소.

아내에게 · 32
- 자랑스런 명인 대상. 2

인간이 살아가는데
의 · 식 · 주라 해서 그중에서도 첫 번째
옷을 입어야만 사람 구실을 하게 되며
그래서 옷이 인간의 날개라 한다.

옷〔衣〕 문화가 전무(全無)해 가고 있는데
뼈끝을 쪼아 피눈물을 흘리면서
전통 의상의 장인정신이 없었다면
오늘날 영예의 명인 표창은 없었을 것이다.

아내의 민속 한복은
나라와 민족의 문화요 얼이다
더욱 소중한 산업이며 보물이다
이제 평생을 전통 의상에 몸 바칠 아내다.

아내에게 · 33
- 병상의 아침 식탁

어젯밤
밤새 통증을 느끼는
환자들의 신음소리

오늘 아침
창가에 비춰 오는 태양을 보며
침상을 식탁으로 맞이한 병실의 환자들

언제 통증을 앓았냐는 듯
아침 식사를 즐기며
쾌유의 숨소리 가까이 다다른다.

회진하는 병원의 전문의 팀은
환자들의 심성이 곱고 유쾌해서
몰라보게 좋아졌다 한다.

아내에게 · 34

-첫째(레이저 수술) 날 병상일지. 1

평소에 병원을 싫어하는 아내는
며칠 전부터 물(설사) 대변을 여러 차례 보아
이진홍 내과(병원)에 가 내시경 검진을 받았다.

위 용종 · 위염 · 갑상선결정 · 고지열(콜레스테롤)증
네 가지 병 판단을 받아
다음날 친척 집안 아무도 몰래 소견대로
전주 예수병원(조진웅) 내과 원장을 찾았다.

오전 10시에 초음파사진 X방사선 촬영과
오후 4시 레이저로 위 용종을 수술하고
금수 금식 상태에서 링거를 꽂은 채
통증을 느끼며 날을 새운다.

-2007. 11. 6

아내에게 · 35
-둘째(내시경 검진) 날 병상일지. 2

아내 옆자리에서 날을 새우고
다섯시에 일어나 방사선 촬영과
담당과장 회진 설명에 의해 병상일과를 연다.

초음파 목(갑상선) 사진을 찍고
어제 수술한 위 용종 부위 확인차
내시경 재검을 했다.

집사람은 아무도 알리지 말라 했는데
아들(범석)은 셋째 이모에게 알려서
내시경 재검을 지켜보았다.

나는 여러 가지 잔무로 고창에 내려가도
셋째 처형이 남아
환자(자기 동생)를 밤새 위문했다.

-2007. 11. 7

아내에게 · 36

-셋째(대장 검진) 날 병상일지. 3

집에서 중식을 하고
환자(처)의 의류 몇 가지를 챙겨
자부에게 집을 맡기고 예수병원에 도착했다.

515호 환자실을 찾아가는 승강기에서
어젯밤 철야했던 셋째 처형을 만나
오늘 밤은 내가 환자 옆에 있겠다 하고 전송했다.

어제 예약했던 대장 검사는
오후 다섯시가 되어서야
재검을 하고 공복 3일 만에 미음(죽)을 먹게 된다.

담당의사 팀의 회진을 받고
내일은 퇴원한다는 결정 후
오늘밤 역시 아내 병상에 같이 누웠다.

-2007. 11. 8

아내에게 · 37
-넷째(퇴원수속) 날. 4

어젯밤 아내의 병상 곁에서
밤을 새운 오늘 아침은
초겨울의 따뜻(청명)한 날씨다.

회진하는 의사 팀의 주문은
오늘 퇴원하는 사람은
병원측 지시에 따라 약을 복용하라 한다.

셋째 처형이 다시 찾아와서
퇴원 수속을 마치고
예수병원 식당에서 환자와 함께 중식을 했다.

-2007. 11. 9

아내에게 · 38
-갑상선 조직검사. 5

오늘은 목에 자그마한 용종(갑상선)을
전문(조직)적으로 검사하기 위해
목(용종자리)에서 피를 빼냈다.

오늘도 셋째 처형은 찾아와서
아내에게 자상한 주의를 주며
빼낸 피는 조직검사 한 후 다음에 알려준다 한다.

-2007. 11. 16

아내에게 · 39
- 조직검사(갑상선) 결과. 6

조직검사 결과는
아내 혼자 가서 보아도 이상 없다 하여
혼자 보내는 내 마음은 매우 허전하고 씁쓸하다.

처형(셋째)이 다시 찾아와서
둘이 지켜 듣는 순간
참으로 아연실색하다.

그 용종이 크지가 않아
조기에 발견한 것을 다행으로 알고
현대 의료기구가 완비된 병원을 찾기로 했다.

- 2007. 11 21

아내에게 · 40
-전북대학병원에 옮김. 7

의무기록과 영상의학(C. D)과와 병리(슬라이드)과
외래진료비 계산서와 영수증 등
예수병원에서 모든 퇴원절차를 밟아
전북대학병원으로 옮겼다.

현대의료기구가 완비한 전북대학병원에 와
병원 등록(접수)과 외래진료비 계산서 영수증을 받고
외과 외래검사 절차 안내에 의해
채혈과 영상의학과에서 목을 촬영했다.

초음파 갑상선 재검사를 하기 위해
오는 11월 26일에 영상의학과에 들러야 한다.

-2007. 11. 23

아내에게 · 41

- 갑상선 초음파검사 확인. 8

검사 당일 예약증을 지참하고 핵의학과에 가
초음파로 갑상선을 검사했다.

갑상선 초음파 검진 결과
두 개의 용종이 보이는데
0.4밀리 용종은 미세하고
4~5년 커 간 1.4밀리 용종은 제거해야 한다.

아내는 그 소식을 듣고
나도 모르는 사이에 그토록 커 간다며
참으로 아연실색을 금치 못한다.

백현준(처질녀 사위) 편에 연결한 정성후 교수는
일정이 다 잡혀서 최종 검진 결과는
12월 6일에 하고 수술은 12월 31일에 한다 했다.

아내에게 · 42
-담당의사 윤현조 교수로 교체. 9

윤현조 교수 담당일이 11월 28일이어서
12월 6일 정성후 교수 일정을 소급하여
안전부절한 처형은 하루라도 빨리
이날을 잡아 최종 검진 결과를 택했다.

윤현조 교수의 마지막 진로에 맞추어 노크하니
단아하고 인자한 용안에
참으로 사분사분한 친절미가 넘치는 말씀에
환자나 보호자도 병에는 저 멀리 가신 듯 기쁘다.

큰 병원에서는 4~5개월이 걸리는데
우리 병원에서도 2~3개월여가 되겠으나
금년 말(31일)에 일정을 잡아놓고
그 안에 부득이 빠지는 자가 있으면 그날을 택하자 한다.

-2007. 11. 28

아내에게 · 43
-심상치 않은(X) 소식. 10

심상치 않은(X) 소식을 들은 아내는
레이저 수술한 위 용종은 아무것도 아니다 하며
창백한 얼굴로
지금까지 살아온 세월이 너무나 허무하다고 한다.

벌써부터 마음이 약해진 아내를 달래기 위해
조기에 발견해서 대수롭지 않은 것이니
이럴 때일수록 마음을 언제나 즐겁게 하고
남편과 데이트 하는 것과 같다고 생각하라 했다.

백현준 교수의 연락을 받은 윤 교수는
아내의 불안한 마음을 달래고 손을 어루만지며
일정이 너무 늦다 말고 좋은 생각을 하고 있으면
그날 아주 완쾌하게 하겠으니 염려마시라 한다.

-2007. 11. 28

아내에게 · 44

-2차 입원

하루라도 빨리 수술하기 위해
약속했던 수술 일정을 소급하여
바로 입원 준비를 하라는 담당교수의 전화다.

내일 수술환자가 거부(비우다)하므로
이날 이때를 대기하고 보충하는 뜻에서
오늘(일요일) 준비를 다해 입원하게 된다.

전북대학병원 입원실은 501동 5106호실
내일 11시에 갑상선(암) 수술을 받기 위해
오늘밤 10시부터 물 한 모금 마시지 않고
만전을 기한다.

-2007. 12. 16

아내에게 · 45
- 갑상선(암) 수술

오늘은 수술에 들어간다는 것을 알고
아침부터 아내는 불안한 기색이었으나
정작 수술을 하고 나니 안온한 감이 든다.

정해진 수술대 앞에서 대기 중에
19번 호명(이영해)에 의해 수술로 들어가
한 시간 40분가량 수술 후 보호자를 부른다.

윤현조 담당교수의 인자한 설명은
들어낸 나비 같은 갑상선(암)을 들고
한쪽을 베면서 여기는 생생한 피가 돌고
또 한쪽을 베어보니 노란 코(곱) 같은 것이 굳어 있다.

노란 돌(암) 같은 갑상선이 주위에 전이가 되지 않나
다시 조직 검사를 하여
방사선 치료와 항암(약물)복용도 해야 한다.

다시 한 시간 이상 지난 후 회복실에서
마취된 상태를 온전한 정신으로 회복하는 순간
아들(범석)이 찾아와서 입원실로 옮겼다.

- 2007. 12. 17

아내에게 · 46
- 환자의 신음소리

환자와 의사와 의술이 혼연일체가 되어
수술 결과가 잘 되었다는 담당교수의 화답에
참으로 삶의 오묘한 축복을 받는 것 같다.

한 시간에 무려 세 번씩 발작으로
목이 잠겨 토해내는 환자의 담(가래)은
휴지통의 오물 무덤을 쌓는다.

하유 하유 한숨쉬는 틈에
혓바닥으로 촘촘히 훔쳐 내는 가래침
차라리 아내와 바꾸어 환자가 되고 싶은 심정이다.

그러나 하룻밤을 꼬박 새우고
다음 날에도 가래 받는 형태는
계속 되지만 빈도가 차츰 줄어든다.

- 2007. 12. 8

아내에게 · 47
- 떼어낸 갑상선 재조직 검사

아침 6시 40분 회진하는 담당교수는
지난번 수술해 떼어낸 갑상선 덩이를
재조직 검사해서 그 부위를 살핀다.

갑상선(암)을 재조직 검사한 결과
앞으로 전이의 우려가 있어
3개월 후에 방사선 치료를 받아야 한다.

아내는 지금까지 통증도 괴로운데
갑상선 암이 전이가 되는 것은
방사선 치료를 받는 고통이 더욱 심할 것이라 한다.

- 2007. 12. 20

아내에게 · 48
- 퇴원하는 날

어젯밤 김안순 수간호사는
내일 퇴원하는데 필요한 약과 연고 등
수속 절차를 상세히 알려 준다.

중증사청의 카드 수속으로 원무과에 들러
입원비 일체를 정산하고 외과외래실에 가
다음 주 26(수)일에 윤현조 담당교수님과 예약했다.

이제 퇴원 수속을 마치고 입원실에 들러
입었던 옷가지와 약품 등을 챙기어
옆방 노인(78세)에게 인사하고 막 나오는데
"다시는 이런 곳에 와서는 안 된다"고 촉구한 것은
당연한 명언 중에 금언의 위로였다.

퇴원한다는 소식을 듣고
셋째 처형 처남 생질 생질부 처이질 부부 아들(범석)
모두 나와 퇴원의 환호 속에 회복의 나래를 펴다.

- 2007. 12. 21

아내에게 · 49
- 방사성 옥소치료

갑상선암 환자의 방사성 옥소치료는
핵의학과 MN3 정환정 교수에게
일정대로 교육을 받아 실천해야 한다.

2008년 3월 10일부터 지금껏 복용한
갑상선 약은 새로 처방한 약으로 바꿔 든다
그리고 3월 31일에 갑상선 약을 끊는다.

4월 5일부터 저옥소 식이요법을 하고
4월 9일에 1층 채혈실에서 채혈하며
원자로에서 만든 (131번 옥소) 약속을 지켜야 한다.

- 2007. 12. 26

아내에게 · 50
-방사성 옥소치료차 입원

오늘은 방사성 옥소치료를 하기 위해 입원한다
아내는 전날부터 아들과 함께
입원하는 모든 절차를 깐깐히 준비하고 있다.

3일간 독방에 입원하여 방사성 옥소치료한 후
집에 돌아와 7일간 숙식 조절하며
그 방사성의 외부 유출을 막기 위해 근신 치유한다.

옥소치료하는 환자 외의 보호자실에서
보호자가 기거 대기를 하게 되는데
이날 담당간호사는 병원에서 다 잘하기 때문에
보호자가 필요 없으니 돌아가도 된다 한다.

3일간 옥소치료에 고통이 심하다는 아내를
떼어놓고 오는 필부(匹夫) 심정은
너무 매정한 마음이 들어 발길이 옮기질 않는다.

-2008. 4. 14

아내에게 · 51
-방사성 옥소치료 완료

정환정 의사로부터 방사성 옥소치료를 받고
외부가 전연 차단된 독방에서
신선한 과일 야채 등으로 음식조절을 한다.

2일 밤을 옥소치료에서 잠을 설친 아내
옆방에 환자는 폐까지 전이 되었다는데
아내는 다행히 경과가 좋은 편이었으나
치수가 약간 올라서 오후 2시에 퇴원한다.

핵의학과 응급센터 1층에서
퇴원수속과 다시 할 5월 8일 입원비를 계산한 것은
진료 의사로부터 전신 스캔 검사를 받는 것이다.

-2008. 4. 16

아내에게 · 52
- 갑상선(방사성) 촬영결과

방사성(옥소) 치료를 받은 3월 14일(2박) 후
엑스레이 촬영하고 퇴원했다.

5월 8일(어버이날) 택일한 일정에
핵의학과에서 다시 엑스레이를 찍어
옥소치료시 찍은 사진과 금번 찍은 사진을
갑상선 상황이 어떤가 대조 검사한다.

3월에 옥소치료 후 찍은 사진에는
좁쌀 같은 4개 검정색이 뚜렷이 나타났으나
오늘 찍은 사진에는 희미하게 명멸해간다.

차차로 갑상선 병이 퇴색해가는 것은
점차로 나아간다는 것을 증명하고
처방전을 가지고 영광 약국에서 약을 받았다.

다음은 6월 4일 윤현조 교수에게 문의하여
그 후의 약을 예약해야 한다.

- 2008. 5. 8

아내에게 · 53
- 암의 전쟁은 막을 내렸다

아내는 그 후에도 전북대학병원에서
항암(옥소) 약물치료를 한두 차례 받은 후
정밀조사 결과 갑상선 암을 완전 퇴치했다 한다.

그러나 일생동안
갑상선 약과 호르몬 약을 복용해야 하며
신체 기능 완전과 건강식을 끊지 않아야 한다.

2007년 12월 17일에 갑상선암 수술 후
2009년 2월 23일에야 최종 진단결과
암의 전쟁은 막을 내렸다.

차후에도
언제나 신체부위에 일어나는 각종 질병에
각별히 주의해야 하며 건강관리를 위해
적절한 운동과 주어진 약을 복용해야 한다.

이로써
한 사람의 환자로 인해 온 가족의 아픔은
3년간의 항암 승전에서
가정의 평화와 행복의 기쁨을 되찾았다.

아내에게 · 54
-병마에서 풀려 나와

아내는
천 길 수렁에서
빠져나와 새 천지를 찾는 듯하다.

아내는
긴 터널에서 빠져나와
새로운 기차에 실려 관광하는 듯하다.

아내는
잡초와 습지의 늪에서
빠져나와 찬란한 새날을 맞은 듯하다.

아내는
아비규환의 지옥에서
빠져나와 극락 같은 새 삶을 찾는 듯하다.

아내에게 · 55
- 아내는 덕석이요

가난과 생활고로 부대끼며
자녀 교육과 가정 꾸리는데
온갖 풍파가 몰아친다 해도
집안의 덕석으로 수용하며 살아간다.

쑥과 벼와 콩 고추 등을 널어서
햇볕에 말릴 모든 것을
넓은 덕석으로 받아놓고
당그래 움직여 습기 한 점 없이 말린(건조)다.

시행착오로 가정설계가 어긋나
크게 가세가 기울 때
집안의 모든 위기와 고난을 떠안고
꿋꿋한 의지로 가정을 지키는 덕석이다.

* 당그래 : 곡식을 긁어 모으거나 펴거나 하는데 쓰이는 널 조각에 긴 자루를 박아 T자 모양으로 만든 기구.
* 덕석 : 새끼날을 짚으로 넓게 짜서 만든 것으로 흔히 곡식을 너는데 쓰인다. 일명 멍석, 망석이라고도 한다.

아내에게 · 56
- 아내는 바위요

강풍이 몰아친다 해도
눈비가 퍼붓는다 해도
산중에서 무게를 잡고
까딱없이 앉아 있다.

폭우가 몰아쳐 강을 이룬다 해도
태풍이 몰아쳐 나무를 꺾고
산더미가 무너져 벌(늪)이 된다 해도
꼼짝 않고 앉아 있는 바위(岩).

세월이 가고
산(山)과 내(川)가 변하여도
중량을 잃지 않고 한 치의 흔들림 없는
자연(가정)을 지키는 내 아내 같은 먹바위.

아내에게 · 57
- 옛집 텃밭

아내는 틈만 나면
옛날 살던 사당(祠堂) 안 종갓집에 가
텃밭을 일군다.

백여 평 남짓한 터에
배추 상추 시금치 고추 갓
무 당근 오이 가지 호박을
재배하고 여물면 거둬들인다.

조석으로 오가는 2킬로의 거리에
여가를 선용하여
손수 심고 가꾸고 길러서
무공해 식품으로 알뜰한 건강을 찾는다.

아내에게 · 58
-가야금 같은 고전의상

옛 선현의 의복 맞춤은
대대로 현세에 이어서
미래 지향으로 전진하는 고전의상

한 폭 한 폭 마디마디에서
이 폭 마디에서 저 폭 마디로
섬섬옥수 고운 결로 이어가는 솜씨

두 현의 줄기마디에서
공명판을 타고 넓고 명랑한 음률이
가냘프고 서러운 소리로 낭랑히 들려온다.

고전방의 바느질(재봉틀) 소리와
오동나무에서 울려오는 가얏고 소리는
진양조장단으로 시작해서 중모리 자진모리 휘모리
가야금 산조와 고전의상으로 풀어내고 있다.

아내에게 · 59
-명인(고전의상) 인증서

어느덧 칠순이 되었나이다
언제나 불우에서 허덕이지 않고
보람과 희망찬 새날이 밝아 왔소이다.

잡아 논 세월이 아니고
풀려나는 자연(세월)이
우리의 건강과 자유와 평화를 함께 하나이다.

한 우물을 파게 되는 인생은
처음은 고통과 시련이 있다 해도
먼 훗날 명예와 영광이 따르나이다.

칠십 평생 쌓였던 질곡을 털어버리고
햇빛 찬란한 온 누리에
장인정신의 고전의상(명인) 인증이 되었나이다.

아! 장하다
무한의 집념과 끈기로 사는 자에게
조물주는 결코 당신을 버리지 않았소
새로운 삶의 원천을 챙겨 주었나이다.

제 2 부

가족사랑

가족사랑 · 1
- 큰딸

첫째 딸 은정(恩正)은
우리 집에서 최초로 태어나
활발하고 사교적이며
아담하고 귀엽게 커 온 공주다.

네 살 때까지 색동저고리 빨간 치마를 입혀
아빠가 다니는 직장에 데려 갔을 때
인형같이 너무 예쁘다고 상하 직원들이
입을 모아 칭찬을 아끼지 않는다.

1990년 미국 버클리대(음대)에 유학하여
작곡을 전공하고 학생을 지도하다
현대 패션계로 전과하여
디자인 업계에서 주목할 만한 성과를 내고 있다.

천성이 고운 내 딸 은정은
매사에 외교적이고 주위 환경에 잘 적응해
많은 지인들로부터 친절과 환대받는다
또한 우리 집 큰딸로 큰아들 역할을 한다.

가족사랑 · 2
-둘째 딸

둘째 딸 지현(智賢)은
어렸을 때부터 지혜가 있어 보여
동무들과 어울리기 좋아한다.

고창여고 시절 전 국무총리를 지낸
「진의종」 씨의 국회의원 입후보 때
캠프파이어(동호해수욕장) 리허설에
메아리져 들려오는 너의 낭랑한 목소리는
일천여 방청인을 감동케 했다.

출가해서 총명한 아들(이삭)과
착한 딸(산하)을 낳아주어
집안에 윤기가 감도는
행복한 삶을 누리는 듯하다.

가족사랑 · 3
-셋째 딸

셋째 딸 소운(素雲)은
아기 때부터 단아하고 예쁘며
매사에 겸양이 있어
만나는 사람이면 저 학생이 뉘 딸이냐고
세인의 칭찬이 자자하다.

부부가 미국에 유학하여
좋은 직장에서 잘 살고 있으며
다섯 살 난 외손자(온유)는 천재학원에서도
손꼽히는 천재아다.

속담에 셋째 딸 규수감은
묻지 마라 그냥 성혼한다는 듯
바로 이 말이 씨가 되어, 우리 집 셋째 딸은
맵씨 솜씨 말씨 모두가 자랑할 만한 요조숙녀.

가족사랑 · 4
- 큰아들

큰아들 범석(範奭)은
셋째 딸 소운의 출생 2년 후에 태어나므로
많이 기다렸으나 이제야 네 차례다.

범석은 썩 잘 생긴 얼굴과
허우대에 비해 좀 소심한 듯하나
그 품성이 착하고 철두철미해서
어사각(御賜脚)과 삼충부조(三忠不祧)를 섬길
넉넉한 마음이 보여 사우(祠宇) 14대 종손으로
가통의 맥을 능히 이어갈 것 같다.

내 사랑하는 큰아들 범석아!
14대 가문을 이어가려면 어려움이 많다
매년 춘추(春秋)로 한림공(翰林公)과 삼충부조 사당에
전국에서 찾아오는 지손이나 일가에게
너그럽게 대하고 예의를 깍듯이 해야 하느니라.

가족사랑 · 5
– 넷째 딸

넷째 딸 선경(善敬)은
우리 집에서 키가 제일 늘씬하여
키 큰 착한 애라 했었다.

직장에도 어려움 없이 잘 들어가고
지인(智仁), 혜인(惠仁), 예인(藝仁)
세 딸을 낳아 잘 키운다.

키 큰 몸매에서 인자한 아량이 풍기는
친구들과 의좋은 사이에서
신뢰하고 베푸는 미덕을 발휘한다.

가족사랑 · 6
- 둘째 아들

둘째 아들 범신(範信)은
정오에 태양을 머금고 출생하여
어렸을 때부터 머리가 훤칠하고 눈에 총기가 있어
동무들과 잘 사귀고, 친구들도 많아
만사형통(萬事亨通)할 징후가 보인다.

중 · 고등학교 때 웅변도 잘 하고
연속 대대장으로 활동했으나
대학에 들어가 산업공학을 수업하다
미국으로 유학해 의대(의학)로 전과했다.

양의(척추 신경학)와 동양 한의대(韓醫大)를
거듭하여 박사학위를 받았다.
둘째 아들 교육시키기 위해 갖은 애를 쓴
어머니 아버지 큰누나 큰형에게
언제나 고마움을 잊어서는 안된다.

지금은 미국에서
양의(洋醫) · 한의(韓醫) 양(兩) 의사로
히포크라테스 정신에서 인류공영에 이바지 한다.

가족사랑 · 7
-둘째 사위(지현의 남편)

강기영(姜起永) 둘째 사위는
단아한 자태에서 곱게 드리운 얼굴
성근스런 가정을 이루어 간다.

산업(전력) 전선에서
사업을 기획하는 선두주자
현대의 산업 역군으로 그 의무를 다한다.

사랑하는 아들(이삭)과 딸(산하)을 낳아
잘 키우고 고등교육을 시키며
행복한 가정, 여유로운 가정을 꾸려가고 있다.

가족사랑 · 8
- 셋째 사위(소운의 남편)

김주성(金周成) 셋째 사위는
얼굴이 향 맑고 우아하며 이지적이다
매사에 진솔하고 진중하며 모범적이다.

서울에서 인류대학을 나와
좋은 직장에서 여유로운 생활 하다
미국으로 부부유학을 하게 된다.

미국유학을 마치고 은행에 들어가
성실하게 살아가며 늦게나마
아들 온유(溫柔)를 낳았다.

온유 외손자는
세 살 때 한국어와 영어 · 한자를 터득하여
지금 영재(英才)학원에 들어가 공부한다.

가족사랑 · 9
– 넷째 사위(선경의 남편)

강명신(康命新) 넷째 사위는
체격이 크고 가슴이 넓어 믿음직스러우며
모든 일을 경건하고, 건강하게 대처해 간다.

직장에서 성실하고 친절을 미덕으로
동료들의 칭송을 흠뻑 받는다.

타인보다 배 이상의 업무를 해가므로
얻어지는 봉급은 가정의 낙원이 되어
세 딸 지인(智仁) 혜인(惠仁) 예은(叡恩)을 다 교육시켜
단란하고 행복한 가정을 꾸려가고 있다.

가족사랑 · 10
- 큰며느리(오지은)

오지은(吳芝恩) 큰며느리는 단아하고
매사에 정중하며 타인에게 배려할 줄 아는
근대와 현대와 미래를 헤아리는
우리 집 14대 종손부(從孫婦)다.

시집오기 전 어느 치과에서 근무하다
우리 집 14대 종손(범석)을 만나
15대 종손〔鉉康〕 아들과 딸 정현(正琄)을 낳았다.

현강과 정현은 현재
꿈푸른 유치원과 어린이 집에서
공부하며 건강하게 잘 자란다.

큰며느리 오지은은
앞으로 우리 가문을 지켜나갈 보배요
대대손손 이어나갈 대들보다.

가족사랑 · 11
- 작은며느리(최린지)

부모님을 따라 미국에서 사는
제 2세 작은며느리(최린지)는 착하고 온순하며
우아하고 예쁘며 아름답다.

미국에서 약학대학을 나와 약학박사를 받고
큰 병원에서 약사로 근무하고 있다.

뉴 호프집에서
유유히 흐르는 "델라웨어" 강
그 위를 반짝이는 황금물결

「범신」과 「린지」가 앉은 벤치에
금빛 찬란한 석양빛은
불변의 영혼을 비추인다.

호화로운 가정에서 태어나
둘째 아들(범신)과 결혼하여
남편〔範信〕은 의사요. 아내(린지)는 약사로서
만족한 가정을 꾸려가고 있다.

가족사랑 · 12
- 15대 종손 현강(鉉康) 탄생

소중한 한 생명이
천지창조의 계시로서
고요를 깨는 소리와 같이 태어난다.

2007년 5월 26일 하오 11시 50분
고즈넉한 온 누리에 출생한
김해김(金海金) 삼현파(三賢派) 한림문(翰林門)
헌(軒)조의 15대 종손(宗孫) 현강(鉉康).

찬란한 태양을 받으며
아름답고 슬기롭게 자라는 현강은
나라의 보배로 자랄지어다.

샛별같이 빛나는 작은 두 눈동자
코, 볼, 입 등 예쁘고 이목이 뚜렷한
예지(叡智)가 어리는 혜안(慧眼)으로서
명실 공히 가통(家統)을 잇는 대들보요
나라의 큰 지도자가 될지어다.

가족사랑 · 13
- 외손자(이삭아기)

순하디순한 이삭은
바라볼수록
귀엽고 예쁘다.

한 점 티가 없고
한 점 미움이 없이
천진하기 그지없다.

샛별같이
빛나는 눈동자
예지와 슬기가 가득하다.

기쁘게 소리 내어 웃는 이삭은
둥근 해가 떠 있는 것 같고
좋아서 하는 짓거리는
사랑만이 감돈다.

웃을 때나 울 때나
귀엽고 예쁘기만 하다.

가족사랑 · 14
- 외손자(온유)

고요한 새 누리에
평화의 상징으로
찬란히 잉태하는 태양(온유)

얼굴이 크고 둥글며
샛별처럼 빛나는 두 눈동자
침착하고 사색하는 듯한 형상!

두 살 때 10대 소년의 생각
세 살 때 영어 한국어 한문을 섭렵하고
다섯 살에 미국 영재학원에 들어간다.

지고한 성향, 빼어난 두뇌
모든 경쟁력을 추월하여
세계를 다스리는 지도자가 될지어다.

가족사랑 · 15
- 외손녀(강혜인)

넷째 딸의 딸 혜인(惠仁) 외손녀는
지혜롭고 우아한 얼굴에
장미처럼 아름답다.

네 살 때부터 언니 따라 그린 그림은
실력이 더욱 우수하여
주위의 칭찬이 자자하다.

혜인과 언니(지인)와 동생(예은)의 성공에 심지를 켠
이들의 부(강명신) · 모(김선경)는
자녀교육에 진력을 다하고 있다.

가족사랑 · 16
- 20여 가족(가보)

가족사랑은 동포사랑
이웃과 고을 나라 사랑이다.

내 가족 사랑이 남의 가족 사랑을 알며
나의 친절이 남의 친절을 안다.

우리 집 가족(식구)은 아들 둘, 딸 넷
사위 셋과 며느리 둘, 손주 1명, 손녀 1명
외손자 둘 · 외손녀 넷, 우리 내외 합하여
총 21 가족이다.

가족마다 그 나름대로
삶의 향방에 따라 잘 적응하고
삶의 이상향에 선연히 대처해 간다.

큰아들 내외는
우리 가문을 이어갈 원동력이며
먼 후대에 이어줄 청사의 맥이다.

가족끼리 사랑하고 신뢰하며
불우와 고난이 온다 해도
서로 감싸 안고, 돌봐주는 현명한 식구가 되어
평화와 행복만이 충만할지어다.

저자와의
협약으로
인지생략

김정웅 제22시집

아내에게

초판 발행 2013년 6월 3일

지은이 | 김정웅
펴낸이 | 김효열
편 집 | 이미정
마케팅 | 김효숙 · 김영미
펴낸곳 | **을지출판공사**

등록번호 | 제 2-741 호
등록일자 | 1985년 2월 14일
주 소 | 서울시 마포구 양화로6길 27-5(서교동) 301호
우편번호 | 121-840
전 화 | 02) 334-4050
팩 스 | 02) 334-4010
E-mail : ejp4050@hanmail.net

값 10,000원

* 잘못된 책은 바꿔 드립니다.

ISBN 978-89-7566-145-7 03810